JN243122

どうして野菜を食べなきゃいけないの？

はじめに

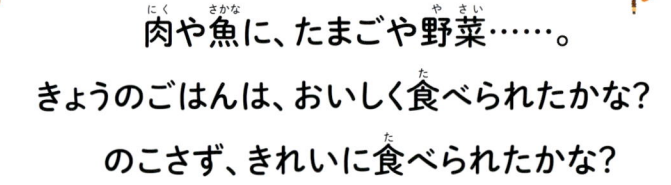

肉や魚に、たまごや野菜……。
きょうのごはんは、おいしく食べられたかな?
のこさず、きれいに食べられたかな?

ひとは、朝、昼、晩と一日に3回、食事をするけれど、
どうして毎日、ごはんを食べなきゃいけないか、わかる?
どうして野菜や肉を食べなきゃいけないんだろう?

それはぜんぶ、きみたちがそだち、
生きていくためにひつようなものだから。

毎日食べるごはんには、どんな役わりがあるのかな。
そして、体の中に入ったごはんは、
どうやって体の役に立つのかな。
これからいっしょに、かんがえてみよう。

この本に登場するのは…

カッちゃん

かけっこ大好き、ピーマン大きらいのやんちゃな男の子。ピーマンの肉づめは、肉だけ食べたいなぁ……。

リンちゃん

しっかり者のクラス委員長。なんでも食べられる優等生……のようだけど、じつはニガテなものがあるらしい？

トラニャン

カッちゃんの飼いネコで、魚（とくにイワシ）大好きなトラネコ。マイペースでクールなタイプ。

エイヨーはかせ

食べものと栄養、体のかんけいにくわしい栄養学のはかせ。子どものころは、好きキライが多かったらしい。

サル山サル助

エイヨーはかせの助手で、頭のキレるサルの男の子。はかせの仕事を熱くサポート！

オウムン

リンちゃんのペットで、おしゃべりじょうず。オットリほがらかなトリ。

もくじ

4

体のしくみがわかる

どうして、ごはんを食べなきゃいけないの？

食べものから栄養素をとりこみ、体や頭をうごかす

わたしたちは、おなかがすけば、ごはんを食べるよね。食べものには、「栄養素」という成分がふくまれていて、その栄養素を体にとりいれることで、わたしたちは生きていくことができるんだ。おなかがすくのは、体が、栄養素をほしがっているサインなんだよ。

大切な栄養素は大きく分けて5つ！

じゃあ、わたしたちが生きるためには、どんな栄養素が必要なんだろう？　一番大切なのが、炭水化物、脂質、たんぱく質、ミネラル、ビタミンの5つだよ。このうち炭水化物、脂質、たんぱく質は、「エネルギーになる栄養素」といって、体をうごかすためのエネルギー源になるんだ。栄養素は、体の中で、エネルギーにかわったり、内臓や血や骨などをつくったり、体をととのえたりするんだ。

脂質

脂質の中でも「脂肪」は、体をうごかすための大きなエネルギー源だよ。あまったら、たくわえておくこともできるんだ。コレステロールも脂質のなかまで、細胞★の膜をつくるのに必要だよ。

炭水化物

米やいも、砂糖などにたくさんふくまれている栄養素だよ。体に入ると、ほかのどの栄養素よりもすばやくエネルギーにかわって、つかれた体や脳を元気にしてくれるんだ。

たんぱく質

筋肉や内臓、血、骨などをつくるよ。代謝★に必要な酵素という物質をつくったり、体のはたらきをととのえるホルモンや、病気から体をまもる抗体★をつくったりしているよ。

5つの栄養素
エネルギーになる栄養素

ビタミン

エネルギーや体をつくる材料にはならないけれど、そのサポートをしたり、体のはたらきをととのえたりしてくれるよ。体にとって、ぜったいにかかせない栄養素なんだ。ぜんぶで13種類あるよ。

ミネラル

ミネラルは日本語で「無機質」という意味。骨や歯をつくる材料になったり、体の中ではたらく物質をつくったりするんだ。体の代謝を調節する役目もあるよ。

★細胞…すべての生物がもつ部屋状の構造物。あらゆる生物は細胞が集まってできている。
★抗体…菌やウイルスをやっつけるたんぱく質。

★代謝…栄養素が体に入って、分解されたり、合成されたりすること。

食べたものは、体のどこにいくの？

「おなかがすいた」「おなかがいっぱい」とかんじるワケ

「なにか食べたいな」と思うのは、おなかがすいたときだよね。血の中に「ブドウ糖」という糖質の一種がながれていて、それが少なくなると、「おなかがすいた（空腹）」という信号が、脳におくられるんだ。ぎゃくに、食べものから糖質をとって、血の中にブドウ糖がふえると、「おなかがいっぱい（満腹）」という信号が出るよ。

「消化」「吸収」って？

食べものにふくまれる栄養素は、どうやって体の中にとりこまれていくのかな？　食べものをやわらかくして、さらにこまかくして、とりこみやすくすることを「消化」、消化した食べものを体にとりこむことを「吸収」というよ。そのとき大かつやくするのが、口、胃、小腸なんだ。まずは、胃にはこばれるまでの口でのうごきを見てみよう。

食べものが口に入ると、ジュワッとだえき（つば）が出る。このだえきには、食べものをやわらかくするはたらきがあるんだ。さらに、歯でかむことで、食べものを小さくするよ。そして舌が、小さくなった食べものを、のどのおくにはこぶんだ。

そしゃく

前歯でかみちぎったり、奥歯ですりつぶしたりして、食べものを小さくするよ。あごの力など、口全体をつかうんだ。

だえき

舌が食べものと、だえきをまぜあわせて、やわらかく、ほぐれやすくするよ。栄養素もとりだしやすくなるんだ。

えんげ

食べものをのみこむときは、のどちんこがかつやく！　口と鼻の道をふさいで、胃のほうへ、おとしてくれるんだ。

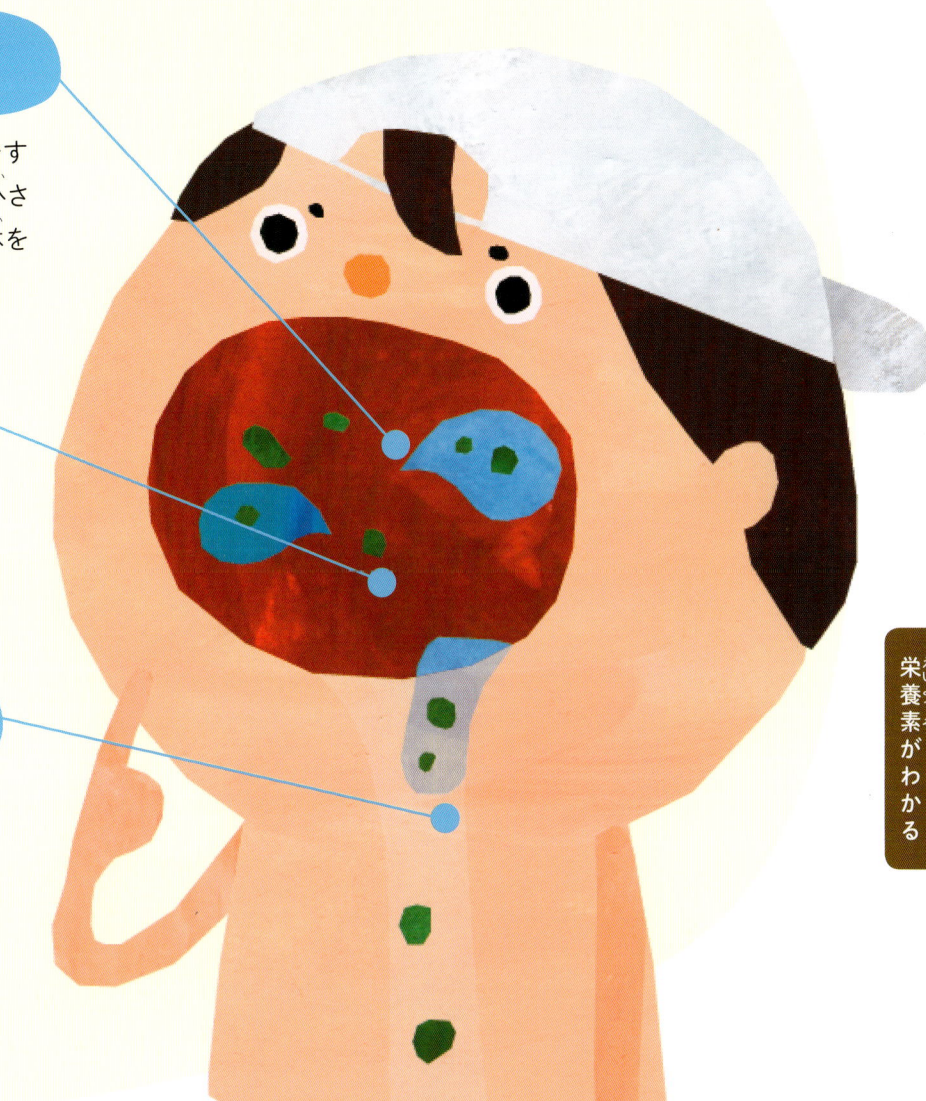

どうやって、食べもの が栄養になるの？

胃から小腸へ

口からのみこんだ食べものは、食道（食べものが通るくだ）を通って、胃にはこばれるよ。胃のうちがわには小さな穴があいていて、そこから胃液という酸性の液体がしみだすんだ。それが食べものとまざり、もっとやわらかく、ドロドロにするよ。そのあと小腸へはこばれて、そこでようやく、栄養素が体の中にとりこまれるんだ。

小腸から、体中に！

小腸では、炭水化物、脂質、たんぱく質を消化する液体がたくさん出て、食べものをもっともっとドロドロにするよ。小腸のうちがわには、「じゅうもう」といって、じゅうたんの毛のような小さなひだがびっしり。そのじゅうもうから、栄養素だけがすいとられ、それが血の中へおくられて、体中にはこばれるんだ。

口の中
<small>くち　なか</small>

食べものは、食道を通って、胃へすすむよ。まちがえて、そばにある気かん（空気が通るくだ）に入ると、ゲホゲホとむせちゃうよ。

胃
<small>い</small>

食べものが胃に入ると、のびたりちぢんだりしてうごきながら、胃液と食べものをまぜあわせるんだ。

小腸
<small>しょうちょう</small>

クネクネと細長いくだで、十二指腸、空腸、回腸という部分に分かれるのが小腸だよ。小腸全体をまっすぐにのばすと、6〜7メートルにもなるんだって！

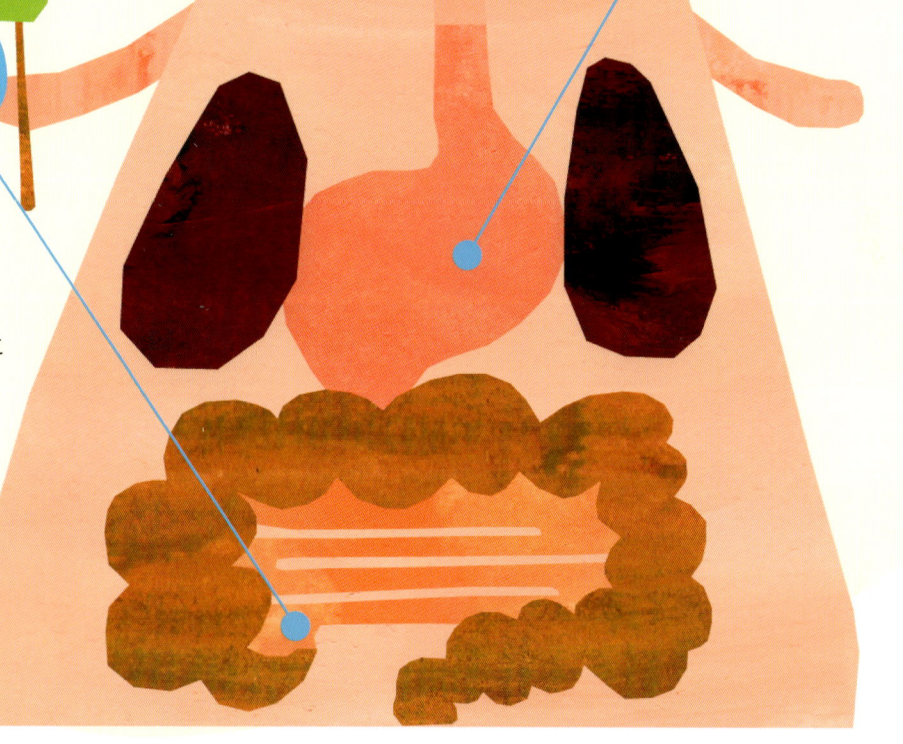

11

炭水化物

エネルギーに進化！すばしっこくて、あついヤツ

オレっちの特技は、ずばり、すばやさ！ 体に入ると、すごいスピードでメラメラもえて、エネルギーにかわるんだ。だから、つかれたときにオレっちを食べると、あっというまに元気になれるよ！ オレっちの中でもあまいものは糖というけど、お米やパン、めんも、糖がおもな成分なんだよ！ 食物繊維もオレっちのなかまさ。みんなの1日のごはんの半分以上は、オレっちなんだ。食事で一番多くとるのはオレっちだけど、体内には1%もいないんだぜ。とうっ！

炭水化物を多くふくむ食品

いも類（サツマイモ、ジャガイモなど）、カボチャ、穀類（スパゲッティ、うどん、ごはん、パンなど）、くだもの（かき、リンゴ、バナナなど）など

炭水化物のはたらき

脳がうごくのも、糖の力！

1グラムあたり 4kcal のエネルギーをつくりだすオレっち。とくにたくさんオレっちをつかうのは、脳みそなんだ。いっしょうけんめい勉強するとおなかがすくのは、オレっちがつかわれたしょうこだよ。

細胞の中でもかつやく！

たんぱく質、脂質とくっついて、細胞のまくをつくっているよ。肝臓や筋肉、体液の中にも、オレっちがいる。おなかがへったときでも、体が元気にうごくよう、たすけるんだ！

ビタミンB₁となかよし！

オレっちがエネルギーにかわるとき、ビタミン B₁ のたすけがひつようなんだ。オレっちひとりじゃ、エネルギーになれない。ビタミン B₁ が足りないと、足のしびれなどをおこす病気にかかるぜ。

体にあたえる影響

とりすぎると脂肪に変身〜

オレっちが足りないと、エネルギー不足で元気が出ないし、頭もはたらかない。朝ごはんから、きちんとオレっちを食べることが大切なんだよ。オレっちが足りないままにしていると、たんぱく質や脂質がエネルギーにつかわれて、筋肉をつくっているたんぱく質がへったりするよ。逆に、とりすぎると、エネルギーにならなかったぶんが脂肪にかわって、どんどん太っちゃう！

脂質

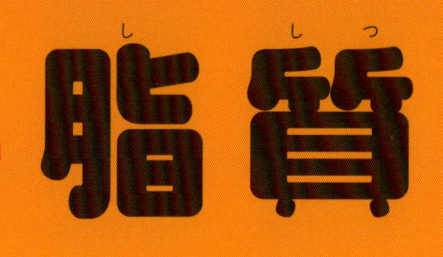

いざというとき、プヨプヨが強力なエネルギーに！

パパのおなかや、ママの二のうでをさわると、プヨプヨさわりごこちがいいでしょ？「脂肪」という形で、体にプヨプヨたくわえられているのが、ボクなんだ。ボクにはじつは、重大な任務がある。それは、炭水化物が足りなくなったとき、エネルギーに変身すること！　ボク1gで、9kcalもエネルギーをつくることができるんだよ。これは、炭水化物の2倍以上の力なんだ。クッションのように体をまもり、体温をたもつこともできる。ボクのプヨプヨには、ちゃんと意味があるのさ！

脂質を多くふくむ食品

肉類（牛肉、豚肉、鶏肉など）、魚介類（サバ、サンマなど）、バター、マーガリン、たまご、油類など

脂

脂質のはたらき

細胞のまくをつくる!

ボクの仲間の1つが、コレステロールといいう物質。細胞のまくをつくる、だいじな物質だよ。でも、コレステロールがふえすぎると、血がドロドロになって心臓や脳の病気のもとになっちゃうし、少なすぎても血管のかべが弱くなっちゃう!バランスがとてもだいじなんだよ。

コレステロールを調整する!

脂肪のおもな成分は、脂肪酸。動物性の脂質に多い「飽和脂肪酸」と魚や植物油にふくまれる「不飽和脂肪酸」の2種類があるよ。飽和脂肪酸は、血液の中のコレステロールをふやして、不飽和脂肪酸は、コレステロールをへらすよ。

ビタミンの吸収をサポート!

ビタミンA・D・E・Kは、油にとけるビタミン。その吸収をたすけるのも、ボクの役目なのさ。

体にあたえる影響

足りないとカサカサに!

おいしいからといって、ボクをとりすぎると、プヨプヨ〜っと太ってしまうよ。それだけじゃなく、糖尿病などの生活習慣病にもかかりやすくなっちゃうんだ。かといって、ボクが足りないのも問題だよ。たんぱく質といっしょに体をつくるのも、ボクのしごとだから。ボクが足りないと、血管がもろくなったり、肌がカサカサになったりしちゃうのさ。

たんぱく質

体をうごかし、体をつくり、まもる。ぜ〜んぶ、ぼくの力！

内臓や筋肉、ひふ、血、骨、歯、つめなど、きみたちの体のあらゆる部分をつくるのにかかせないのが、ぼく、たんぱく質！ きみの体の6分の1は、ぼくでできているんだよ。その種類は、10万種類以上。たんぱく質は、20種類のアミノ酸という物質がつながってできているんだ。そのアミノ酸のうち、9つは、食べものからしかとることができなくて、これを「必須アミノ酸」というよ。米や小麦などの植物性のたんぱく質と、肉や魚、たまごなどの動物性のたんぱく質があるよ〜。

たんぱく質を多くふくむ食品

肉類（牛肉、豚肉、鶏肉など）、魚介類（マグロ、カツオなど）、乳製品（牛乳、チーズ、ヨーグルトなど）、たまご、小麦、大豆など

たんぱく質のはたらき

いろいろなはたらきがあるよ

体の中のぼくは、いろいろなはたらきをするよ。骨や髪をつくったり、体をうごかすんだ。ほかにも栄養素や酸素をはこんだり、体をまもるはたらきがあるよ。

アミノ酸がかつやく！

にする物質）の力で、アミノ酸にもどる。それから、体に吸収されるよ～。

「おいしい」「マズィ」を感じる

からだの調子をよくするホルモンをつくるのも、ぼくの力！光やにおい、味を感じられるのも、ぼくのはたらきなんだ。

食べものからとったぼくは、分解酵素（バラバラ

体にあたえる影響

むりな
ダイエットは
だめ！

たんぱく質は、きみの体のいろいろな場所にたくわえられているよ～。もし、むりなダイエットをして、栄養が足りなくなると、筋肉にたくわえられたたんぱく質が、エネルギーにかわるんだ。そうすると、筋肉がへっちゃって、ぎゃくに太りやすくなるよ。髪がぬけたり、はだがあれたり、病気になりやすくなったりもするから、いいことナシ～。でも、とりすぎてもダメなんだ。体の中にはためておけないから、あまったぶんはおしっこから出てしまうよ。おしっこをつくる腎臓がつかれてしまうんだ。

ミネラル

骨や歯、血、細胞などの中にいて、体のバランスをとったり、筋肉をのびちぢみさせたり、神経がうごくようにしたり、いろいろなサポートをしているのが、ボク、ミネラル。ビタミンと同じで、量は少ないけど、ボクがいないと体はうごかないんだ。そんなボクは、体の中に数十種類もいるよ。そのうち、毎日たくさん（100mg以上）必要なミネラルが、6種類（カルシウム、リン、イオウ、カリウム、ナトリウム、マグネシウム）。ほかに必要なミネラルが9種類（鉄、ヨウ素、亜鉛、銅、セレン、マンガン、コバルト、モリブデン、クロム）あるんだよ。

メモ

すべてのもとになっている物質を、元素というよ。人間の体は、60種類の元素でできていて、4%がミネラルなんだ。

ミネラルを多くふくむ食品

水菜、小松菜、たけのこ、レバー（牛、豚など）、魚介類（ドジョウ、キンメダイなど）、乳製品（牛乳、チーズなど）、大豆、とうふ、干しエビ、ひじき、バナナなど

ミネラルのはたらき

骨や歯をじょうぶにする！

体の中で一番多いミネラルが、カルシウム。リンやマグネシウムにたすけられながら、骨や歯をつくっているよ。カルシウム＝骨のイメージだけど、筋肉をうごかすときにも、つかわれているんだ！

水分や血の量をコントロール！

ナトリウムは、わかりやすくいうと、塩。体の中の水分や、血の量をコントロールしているよ。しょっぱいものを食べて体がむくむのは、ナトリウムのはたらきさ。

ふえたナトリウムをおいだす！

しょっぱいものがおいしくて、ついついとりすぎに。ふえたナトリウムを体の中においだして、もとどおりに。ナトリウムが上げた血圧も、下げてくれるよ。

そんなときにかつやくするのがカリウム！

体にあたえる影響

> ナトリウムの
> とりすぎに
> 注意！

今の日本人は、鉄やカルシウムが足りず、ナトリウムやリンはとりすぎだといわれているんだ。鉄が足りないと、貧血になってフラフラたおれちゃう！カルシウムが足りないと、骨や歯からとけだしちゃうから、骨がもろくなってしまうんだ。食品添加物にもよくつかわれるのがリンだけど、とりすぎると、骨がもろくなるよ。ナトリウムのとりすぎは、高血圧や心臓の病気につながるから、バランスが大切なんだよ。

ビタミン

ちょっぴりだけど
すごいカ！
体をうごかす
縁の下の力もち

ワタシは体の中に、ほんのちょっぴりしかいないけど、体の中にワタシがいなかったら、たいへん！　なぜってワタシのしごとは、たんぱく質や炭水化物や脂質が、体をつくったり、エネルギーになるのをたすけることだから。ワタシがいなければ、いくらたんぱく質や炭水化物や脂質があっても、体はちゃんとうごかないのだ。ワタシは、水にとける水溶性ビタミン（ビタミンB群のなかまと、ビタミンC）と、水でとけずに油でとける脂溶性ビタミン（A・D・E・K）の2種類に分かれるよ。体の中でつくれないものが多いから、いろいろな食べものから、とる必要があるのだ。β-カロテンもビタミンのなかまだよ。

ビタミンを多くふくむ食品

ホウレンソウ、モロヘイヤ、ニンジン、レバー（鶏、豚など）、魚介類（ウナギ、サケ、サンマ、アサリなど）、アーモンドなど

ビタミンのはたらき

3つの栄養素をたすける

ビタミン B 群のなかまのおもなはたらきは、糖質、脂質、たんぱく質の3つの栄養素を分解・吸収して、エネルギーなどにかえることだよ。B₁、B₂、ナイアシン、パントテン酸、B₆、B₁₂、葉酸、ビオチンの 8 種類あるよ。

成長もビタミンのおかげ

は、骨をつくるカルシウムの吸収をたすけるから、成長にかかせない！ビタミン E は、からだがさびつく酸化をふせぐし、ビタミン K は出血をふせいでくれるのだ。

ビタミンCが、ウイルスを撃退！

ビタミン C は、たんぱく質の成分であるコラーゲンをつくって、はだをきれいにするよ。老化のもとになる活性酸素をやっつけて、免疫力を上げる力もあるんだ。

ビタミン A は、目やひふをまもるよ。ビタミン D

水溶性と脂溶性で、ちがうよ

体にあたえる影響

水溶性ビタミンは水にとけるから、とりすぎたぶんはオシッコになって、体の外に出る。問題なのは、足りないとき。イライラ、かぜ、貧血、頭痛など、いろいろな問題が起こるんだ。一方、脂溶性ビタミンは、とりすぎたぶんは体にためられるから、あまりにとりすぎると、頭痛や脱毛などがおこることがある。でも、普通の食事をしていれば、とりすぎの心配はいらないね。ぎゃくに、足りないと、夜に目が見えなくなる夜盲症という病気などになってしまうぞ。

緑の野菜

モコモコ頭に
ビタミンがぎゅっ！

病気をふきとばす
スーパーマン！

ピーマン

「緑黄色野菜」とよばれる緑色の野菜は、カロテノイドやクロロフィルという色のもと（色素）をもっているよ。この緑色がこいほど、栄養素が多いんだ。ビタミン、ミネラル、食物繊維など、大切な栄養素ばかりで、体が酸化（さびつく）するのをふせいで、キミの体を病気からまもるよ。

ぼくのこと、「にがくてイヤなヤツ」って思ってない？ぼくの必殺技は、β-カロテンとビタミンC。つかれのもとになる活性酸素をやっつけて、みんなを元気にするんだ。病気とたたかうための免疫力をつけたり、毛細血管*をじょうぶにしたりする力もあるよ。じゅくすると、赤や黄色にヘンシン！　緑のときよりあまくなって、栄養素もふえるんだ。

β-カロテン

マグネシウム

おもな
栄養素

ビタミン
E・C

★毛細血管…体中をめぐる細い血管

ブロッコリー

見て見て、ぼくのモコモコした頭。まるで、緑の花たばみたいでしょ？　じつはこれ、ぜんぶ、つぼみなんだ。花をひらかせるための栄養素が、ぎゅっとつまっているんだよ。とくに多いのは、体のバランスをととのえるビタミン B$_1$・B$_2$・C や葉酸。ビタミン C なんてレモンの 1.2 倍も！　免疫力をつけたり、血管を強くしたり、みんなを元気にするよ。

メモ
ビタミン C は熱でこわれやすいから、スープにするのがおすすめ。

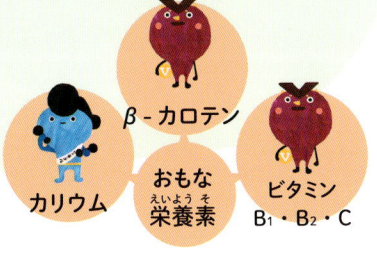

カリウム／β-カロテン／おもな栄養素／ビタミン B$_1$・B$_2$・C

アスパラガス

スラッと細身のオレ、カッコいいだろ？　オレの栄養素といえば、アスパラギン酸。つかれをとって、体力をアップする効果があるんだ。名前がにているのは、もともとはオレから見つかった栄養素だからさ。穂先にはルチンというビタミンのなかまがいて、血のめぐりをよくするゼ。オレを太陽に当てないでそだてると、白くなるんだ。栄養素が多いのは、緑のほうさ。

メモ
江戸時代まで、日本では観賞用（見て楽しむもの）だったオレ。2 メートルにも成長するぜ！

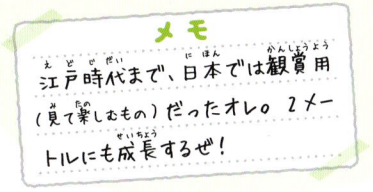
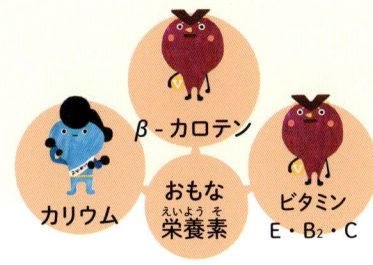

カリウム／β-カロテン／おもな栄養素／ビタミン E・B$_2$・C

アスパラギン酸でギンギン元気に！

食べものがわかる

23

ホウレンソウ

ウィルスから体をまもる がんばりやさん

みんなにたくさんの栄養素をとどけるボク。緑黄色野菜の中でも、栄養素はバツグン！ なんと、ボク100gで、1日分のβ-カロテンがとれるんだ。β-カロテンは体の中でビタミンAに変身。ひふや、つめ、髪の細胞をつくったり、ウィルスから体をまもったりするんだ。鉄や、はだをキレイにするビタミンCもたっぷり！

β-カロテン
鉄
おもな
栄養素
ビタミン
E・C

お花もようにかくれた ネバネバの力！

オクラ

あたしを切ると、ホラ、お花のもよう。でも、キレイなだけじゃなくて、ヌルヌル〜ネバネバ〜、ねばり強いのもとくちょうよ。このネバネバの正体は、ペクチンとムチン。どちらも食物繊維のなかまなの。食物繊維は、おなかの中で腸をうごかすから、べんぴでこまっているアナタにおすすめよ。

カルシウム
カリウム
おもな
栄養素
ビタミン
B₁・C

シュンギク

ポカポカ&元気に
なれるにら～！

オイラをかぐと、ふしぎなニオイがするでしょ？　この
ニオイの成分は、胃腸をうごかして食欲をアップさ
せたり、便秘をよくしたり、せきをしずめたりする力もあ
るんだよ。ちなみにオイラの β - カロテンは、ホウレンソ
ウと同じくらい多いんだよ。ビタミンCといっしょに免
疫力を高めて、強い体をつくるのさ。

鉄

β - カロテン

おもな
栄養素

ビタミン B1
B2・B6・C

ニラ

ぼくからはニンニクのような強～いニオイがするにら。これは、
アリシンという成分にら。アリシンは、ビタミン B1 の吸収を
たすけて、つかれた体を元気にするにら～。β - カロテンやビタミン
C・E は、若さのもとになるにらよ。ほかにも、血のめぐりをよくして、
体をあたためる効果もあるにら！

メモ
今から1300年前に書かれた『古
事記』という書物にも、ぼくのパ
ワーについて書かれていたにら！

カリウム

β - カロテン

おもな
栄養素

ビタミン B2
B6・C・E

25

赤・オレンジの野菜

体のさびつきをふせぐ
α-カロテンに注目

赤やオレンジの野菜も、緑黄色野菜。この色素はカロテノイドといって、健康のためにとても大切なんだ。体にとりいれた酸素の一部が酸化して「活性酸素」にかわると、細胞を酸化させて、病気のもとをつくってしまう。その酸化をふせぐ力（抗酸化作用）が強力なのが、カロテノイドだよ！

$β$ - カロテンの量なら、ほかの野菜にまけないぼくたち。$β$ - カロテンは、体の中でビタミンAになって、はだをツヤツヤにし、かぜにかかりにくくするんだ。でも、ぼくたちの本当の力は、$α$ - カロテンにあるよ。$α$ - カロテンの抗酸化作用は$β$ - カロテンの10倍！ 活性酸素をやっつけて、がんなどのこわい病気をふせぐよ。

カリウム ／ $β$ - カロテン ／ おもな栄養素 ／ ビタミンC

ニンジン

26

真っ赤な色が
元気のヒケツ！

トマト

メモ

ちょっとすっぱくかんじるのは、クエン酸のせい。クエン酸は胃を元気にして、つかれをとるのよ。

真っ赤な色のヒミツは、色素成分のリコペンなの。かわいい名前だけど、抗酸化作用は β - カロテンの 2 倍、ビタミン E の 100 倍もあるのよ。血管を強くして、血液をサラサラにして、動脈硬化やがんなどの病気をふせいじゃうの。同じように、抗酸化作用のある β - カロテンやビタミン C・E も入っているのよ。

マグネシウム
β - カロテン
おもな栄養素
ビタミンC・E

ビタミンEで、
もっと元気に！

カボチャ

若返りパワーをもつビタミン E。それがどっしり入っているのが、おいらです。α - カロテンや β - カロテン、ビタミン C もたっぷりだから、活性酸素をやっつけて、生活習慣病をふせぐんです。抗酸化作用のあるポリフェノールも、あるんです。ビタミン B_1・B_2 もあるから、つかれもとれますよ。

カリウム
銅
おもな栄養素
ビタミンC

そのほかの野菜

キャベジンが
胃のバリアーに！

野菜には緑黄色野菜のほかに、淡色野菜という種類があって、うすい緑のキャベツや紫色のナスなど、いろいろな色の野菜があるよ。たとえばダイコンは、土の中にうまっていて、根っこを食べる野菜。日が当たらないから緑色にならないけれど、緑の野菜にはない栄養素がいろいろと入っているよ。

ぼく、キャベツから発見されたのが、その名もずばり、キャベジン！別名「ビタミンU」ともいうよ。キャベジンは、胃のまくを強くしたり、つくりなおしたりして、胃の病気をふせぐんだ。ビタミンCもたっぷりだから、はだもきれいになるよ。キャベジンやビタミンCを多くふくんでいるのは、しんの部分だよ。

キャベツ

28

塩をとりすぎたら、
わたしの出番よ

ハクサイ

ア ミラーゼ、ジアスターゼ、プロテアーゼ、ペルオキシダーゼ……まるで、じゅもんみたいじゃろ？　さいごの「ーゼ」がつくのは、消化酵素のなかまだということ。消化酵素は、胃腸のはたらきをたすけたり、有毒なものをこわしたりするものじゃよ。ワシには、この消化酵素がたっぷりなんじゃ。

カルシウム
カリウム　おもな栄養素　ビタミンB6・C

メモ
葉っぱの部分には、β-カロテンやビタミンC、カルシウムが豊富じゃよ。

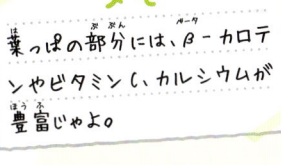

毒けし効果が
バツグンじゃ！

し ょっぱいもの、味のこいものって、おいしいでしょう？　それは、ナトリウム（塩分）のおかげなの。でも塩分をとりすぎると、病気になってしまうのよ。そこで役に立つのがカリウム。よぶんなナトリウムを体の外に出してくれるの。腎臓を強くして、体内のゴミをそうじしたり、筋肉を強くしたりするはたらきもあるわね。

カルシウム
カリウム　おもな栄養素　葉酸

ダイコン

食べものがわかる

29

キュウリ

水がわりに体をひやす
夏にぴったりの野菜！

夏にとれるオレは、なんと95%が水分なのさ！オレを食べると、体をひやす効果もあるんだ。苦み成分のイソクエルシトリンには、利尿作用（おしっこを出しやすくするはたらき）があるぜ。おしっこを出すと、体にたまった熱もいっしょに下がるんだ。あつい夏に、オレが役に立つぜ！

メモ
オレの青くささは、ピラジンという成分で、血液をサラサラにするぜ。

カリウム　β-カロテン　おもな栄養素　ビタミンE・C

見た目はヒョロヒョロ
中身はパワフル！

白くてひょろひょろで、「栄養が少なそう」っていわれるぼくら。でも、ぼくらは、マメの種から出た芽の部分。だから、芽を出すための栄養素がたっぷりなんだよ。たとえば、脂質の代謝をたすけるビタミンB₂や食物繊維がたっぷり！芽が出るときにはビタミンCもつくられるんだ。

モヤシ

カリウム　葉酸　おもな栄養素　ビタミンB₂・C

目をまもる
黄色いパワー！

ワシが黄色いのは、ゼアキサンチンという黄色の色素のためだ。ゼアキサンチンには、目のつかれをとる効果があるぞ。食物繊維もたっぷりだから、うんちもスッキリ！ビタミンB₁・B₂やコレステロールを下げるリノール酸も豊富だ。ビタミンBは、粒のつけ根の胚芽という部分に多いぞ！

- カリウム
- 食物繊維
- おもな栄養素
- ビタミンB₁・B₂・B₆

トウモロコシ

がんにも負けない！
ナスだけのナスニン

メモ
にがみやえぐみのもとが、アルカロイド。免疫力を高め、病気をおこす菌や毒素を体の外においだしてくれるんだ。

- カリウム
- 食物繊維
- おもな栄養素
- ビタミンB₁・B₂

ボクって、きれいな青紫色をしているでしょ？　その正体は、ナスにしかない成分、ナスニン。強力な抗酸化作用で、がんや生活習慣病をふせぐんだ。ぼくを切ったときに茶色くなるのは、クロロゲン酸のはたらきで、抗酸化作用があるよ。記憶力を高めてくれる物質、コリンもふくんでいるよ。

ナス

ゴボウ

オラのかた〜い歯ごたえのヒミツは、野菜No.1の食物繊維だ。水にとけない不溶性・リグニンと、水にとける水溶性・イヌリンの両方をもっているぞ。リグニンは、腸の有害物質にくっついて体の外においだすから、肥満をふせぎ、はだもピッカピカにしちゃうんだ。イヌリンはコレステロールを下げて、腎臓を強くする。セットでかつやくするんだぞ〜。

メモ
ポリフェノール、セレンなど、がんをふせぐ成分もあるよ。

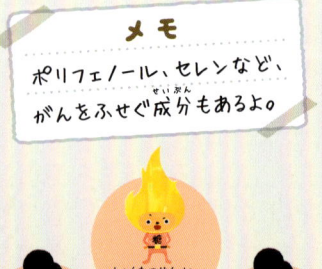

カリウム　食物繊維　おもな栄養素　マグネシウム

カリウム　食物繊維　おもな栄養素　ビタミンC

レンコン

ヌルヌル〜っと糸を引くねばり気は、オクラと同じムチンという成分よ。食物繊維のなかまで、胃のかべをまもり、たんぱく質の吸収をたすけるの。切ったところの色がすぐにかわるのは、タンニンのはたらき。タンニンには、抗酸化や殺菌の効果があるわ。ビタミンCも豊富だから、おはだもピカピカに！

タマネギ

ウオッホン！　みなのもの、わたしを切ると、涙がポロポロ出るだろう？　その原因は、硫化アリルという成分である。硫化アリルには、善玉コレステロールをふやして、悪玉コレステロールをへらす効果があるのだ。さらに硫化アリルは、体の中でアリシンに変身！ビタミンB_1と協力して、つかれをふきとばすのだぞ。

カルシウム

カリウム　おもな栄養素　食物繊維

メモ

アリシンを熱するとできるスコルジニンは、脂肪を分解するから、ダイエットにもきくのだ。

カルシウム

カリウム　おもな栄養素　食物繊維

「かぜにはネギがきく」という話を聞いたことがあるかな？ワシの白い部分には、ネギオールというニオイ成分があって、ウイルスをやっつけるんだ。ニオイには、もう1つ、アリシンという成分も入っている。体温を上げてあせを出し、血のめぐりをよくするから、寒い冬にピッタリじゃ。

ネギ

イモ類

ヌルヌルの食物繊維で
スルスルうんちに

熱に強いビタミンCが
たくさん！

何千年も昔から、人間が食べてきたイモ。植物の根っこが、栄養分をたくわえて大きくなったもののことをいうよ。野菜の中では、炭水化物（でんぷん）が多いんだ。炭水化物は、体の中ですぐにエネルギーにかわるよ。

ジャガイモ

カレーにしてもポテトチップスにしてもおいしい、ぼく！　おもな成分は、エネルギーにかわる炭水化物（でんぷん）だよ。はだをきれいにするビタミンCも、みかんと同じくらい多いんだ。ビタミンCは熱に弱いけど、でんぷんがビタミンCをつつみこんで、まもるから、ぼくのビタミンCは、こわれにくいのさ。

カリウム　おもな栄養素　炭水化物　ビタミンC

34

サトイモ

オ レたちの皮をむくと、ヌルヌルヌメヌメ〜ッ。その正体は、ムチン、ガラクタン、グルコマンナンという食物繊維だよ！ 胃のかべをまもるのがムチンで、血糖値やコレステロールをおさえるのがガラクタン。グルコマンナンは、コンニャクにも入っているよ。うんちを出やすくして、肥満をふせぐんだ。

食べるとオナラが出るわけは白い汁にあり！

炭水化物　食物繊維　おもな栄養素　カリウム

サツマイモ

メモ
イモ類の中では、ビタミンCが多くて、しかも加熱に強いの。ビタミンやミネラルがたっぷりで、がんもふせいじゃうわよ！

炭水化物　食物繊維　おもな栄養素　β-カロテン

ホ クホク、やさしい味のするわたし。切ると、白い汁が出ることを、知ってる？ この汁はヤラピン。うんちをやわらかくする成分なのよ。「サツマイモを食べるとオナラが出る」のは、このヤラピンのはたらき。体のゴミを外に出す成分なので、そのとちゅうでオナラが出ちゃうの。中の黄色がこいほどβ-カロテンが多いのよ。

キノコ類

ウイルスなんか
こわくないぞ

シメジ・シイタケ・エノキ ほか

正しくいうと、キノコ類は植物じゃなくて、菌のなかま。
菌といっても体にとってもいい菌だから、安心してね。
おもな成分は、β - グルカンという食物繊維だよ。免疫力を上げて、ウイルスや細菌から体をまもり、がんや生活習慣病をふせぐんだ。

「か」おりマツタケ、味シメジ」ということばを、知っているかな？　そのくらい、シメジはおいしいってこと。それは、うまみ成分、グアニル酸が多いからだよ。日光をあびるとビタミン D にかわるエルゴステリンをもっているのが、シイタケ。ビタミン D は、カルシウムの吸収をたすけて、骨を強くするよ。エノキには、つかれをとるビタミン B1 や、脂質の代謝をアップするビタミン B2、しっしんや、はだあれをなおすナイアシンなど、栄養素がたっぷりだよ。

ナイアシン

カリウム

おもな
栄養素

ビタミン B1
B2・D

海藻類 (かいそうるい)

海のめぐみをすいこんでそだつオレたちは、ミネラルがた〜っぷりさ！ 骨や歯を強くするカルシウムやマグネシウム、血圧を下げるカリウム、貧血にきく鉄分、べんぴにきく食物繊維のほか、がん予防も期待されるフコイダンやフコキサンチンという栄養素もあるのさ。

ミネラルが体のバランスをととのえる！

おもな栄養素

マグネシウム　鉄　β-カロテン

コンブのヌルヌルのもとは、食物繊維のアルギン酸やフコイダン。アルギン酸はコレステロールや糖質の吸収をおさえるから、ダイエットにもきくんだ。ノリにはβ-カロテンや、赤血球づくりをたすける葉酸が、ワカメには成長をたすけるヨウ素がたっぷり。成長期のキミは、とくにたくさん食べるべし！

コンブ・ワカメ・ノリ ほか

くだもの

エネルギーにツルッと変身！

まっ赤な色が視力（しりょく）をアップする！

イチゴ

あまくておいしい♡
しかもビタミンや
カリウム、食物繊維（しょくもつせんい）が
たっぷりのくだもの。
とくに多い栄養素（えいようそ）はビタミンC。
ビタミンCは、たんぱく質（しつ）の
1つであるコラーゲンづくりを
たすけるよ。はだや血管（けっかん）を強（つよ）くして
免疫力（めんえきりょく）を上（あ）げ、病気（びょうき）にまけない体（からだ）を
つくるんだ。

ショートケーキの主役（しゅやく）で、くだもの
界（かい）のスターといえば、このアタシ。目（め）に
とびこむ赤（あか）い色（いろ）のヒミツは、アントシアニンという色（いろ）の
成分（せいぶん）よ。酸化（さんか）をふせいでがんを予防（よぼう）して、肝臓（かんぞう）を強（つよ）くす
るの。目のつかれをとって、視力（しりょく）をアップする効果（こうか）まで
あるのよ！ ビタミンCや、腸（ちょう）をきれい
にする食物繊維（しょくもつせんい）のペクチンもいっ
ぱいなの。

葉酸（ようさん）

おもな
栄養素（えいようそ）

カリウム

ビタミン
C・E

バナナ

め いいっぱいあそんでおなかがすいたら、オレさまを食べな！
1本で、おちゃわん半分のごはんと同じくらいのエネルギーが
あるんだぜ。しかも、吸収されやすいから、すばやくエネルギーに変身
して、つかれをとってやるぞ。メラトニンやセロトニンという、神経をおち
つかせる物質もあるから、ますますつかれがとれるってワケさ。

カリウム
おもな
栄養素
マグネシウム
炭水化物

つかれをとって
病気を予防！

リンゴ

ぼ くのあまずっぱさのもとは、クエン酸とリンゴ
酸。つかれをとる効果があるんだ。食物繊維
のペクチンもあるから、ビフィズス菌がふえて、べんぴ
もよくなるよ。それから、カテキンという成分も大かつや
く！　カテキンは、活性酸素をやっつけて、生活習慣病
やがんをふせぐよ。

カリウム
食物繊維
おもな
栄養素
ビタミンC

メモ

かわが赤いのは、イチゴと同じア
ントシアニンのはたらきだよ。かわ
にも栄養素があるから、よくあらっ
て、まるごと食べるのが一番！

食べものがわかる

穀類

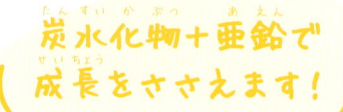炭水化物＋亜鉛で成長をささえます！

秋になると、田んぼや畑に黄金色にみのるイネや麦。お米はイネから、パンやめんは麦からつくられるんだ。

その栄養素は、ほとんどが炭水化物だよ。炭水化物が「でんぷん」という形で、たっぷりたくわえられているんだ。このでんぷんが体に入ると、エネルギーにかわるよ。勉強できるのも、おもいっきりあそべるのも、炭水化物のおかげなんだ。

昔から、日本人が食べてきたのが、わたし、米です。おもな成分は糖質で、体や脳のエネルギーになります。成長をたすける亜鉛も入っていますよ。ちなみに、モミ（タネの部分）のかわをのこしたものを玄米といいます。その玄米の芽が出たのが発芽玄米。発芽玄米には、脳のはたらきをよくするギャバなどの栄養素が多くて、注目をあびているんですよ。

たんぱく質　炭水化物　おもな栄養素　亜鉛

米

40

パン

原料の小麦に
栄養素がぎっしり!

ワタシの原料は、小麦粉ですネ。そこに水と塩、油、イーストなどをまぜて発酵させると、ふっくらおいしい、ワタシの完成デス♪　小麦のメインの成分は炭水化物。ほかにも、たんぱく質や脂質、ビタミンB₁・B₂・Eやカルシウムなど、栄養素がいろいろありますヨ。

炭水化物

脂質

おもな
栄養素

たんぱく質

それぞれのめんに
たくさんのパワーが!

小麦粉やそば粉などを、ねって、のばして、切れば、ぼくになるめん!　うどんは消化がよくて、すぐにエネルギーにかわるので、病気のときでも食べやすいよ。ソバは、ソバという植物の実を粉にしてつくるんだ。たんぱく質や食物繊維もふくんでいて、とっても健康的!　「セモリナ粉」という小麦粉からつくるのがパスタ。炭水化物の吸収がおそいので、糖尿病の予防にもなるよ。

めん類

たんぱく質

炭水化物

おもな
栄養素

ナトリウム

食べものがわかる

41

肉類

たんぱく質＋亜鉛が
成長を加速！

肉には、体をつくるもとになる、たんぱく質と脂質がぎっしり。炭水化物や脂質をエネルギーにかえるときにはたらくナイアシンや、ビタミンB_1、B_2なども入っているよ。モモやスネなどの赤い部分（赤身）には、吸収しやすいヘム鉄という鉄分が多いんだ。だから、お肉を食べると、体がじょうぶになるんだね。

牛肉

たんぱく質と脂質のほかに、オレのとくちょうが、亜鉛の多さだモー。亜鉛は、たんぱく質をつくったり、味覚を正常にたもったりする、成長にかかせない栄養素なんだ。それから、記憶力をよくするコリンや、活性酸素をけすカルノシンなど、いろいろな物質がギュ〜っとつまっているよ。食べる部位によって、栄養素のちがいがあるモー。

たんぱく質

脂質

おもな栄養素

亜鉛

メモ

内臓には、肉とはまたちがう栄養素があるんだ。レバー（肝臓）はビタミンAや鉄が豊富。ハツ（心臓）はビタミンB_2やB_{12}が多いモー。

鶏肉（とりにく）

脂質少なめ＆コラーゲンでキレイの味方！

脂質少なめ＆コラーゲンでキレイの味方！

体（からだ）の中ではつくれない必須アミノ酸を、バランスよくふくんでいるのが、ぼくピヨ。ほかのお肉にくらべて脂質が少ないのがとくちょうだね。ひふをじょうぶにするビタミンAや、はだをうつくしくするコラーゲンも多いよ。コラーゲンは、骨のまわりや、かわに集中しているピヨ。

メモ
脂肪が少ない部位が、ササミやムネの牛肉と同じく、レバー（肝臓）やハツ（心臓）はビタミンAが豊富ピヨ。

鉄
たんぱく質
おもな栄養素
脂質

つかれなんか、豚肉でブ〜ッとばせ！

猛（もう）暑で夏バテしちゃった……そんなときこそ、ぼくの出番ブー！　ビタミンB$_1$やB$_2$がたっぷりだから、糖質や脂質をエネルギーにかえて、つかれをとるブー。脂質の種類は、オレイン酸やリノール酸。オレイン酸は、悪玉コレステロールだけをへらして、善玉コレステロールをふやすブー。

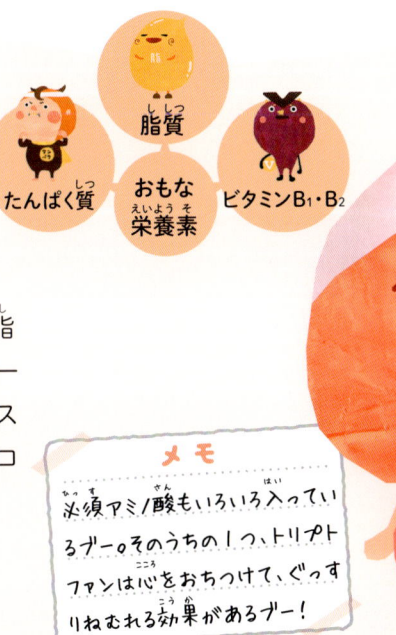

脂質
たんぱく質
おもな栄養素
ビタミンB$_1$・B$_2$

メモ
必須アミノ酸もいろいろ入っているブー。そのうちの1つ、トリプトファンは心をおちつけて、ぐっすりねむれる効果があるブー！

豚肉（ぶたにく）

魚介類（ぎょかいるい）

DHA&EPAで
かしこく元気になろう！

DHA（ドコサヘキサエン酸）って、聞いたことある？　魚にふくまれる脂質のなかまで、脳や神経の成長に必要なんだ。DHAは、目の網膜に多く、視力を上げたり、アトピー性ひふ炎をよくしたりもするんだって。もう1つ、魚にたくさんふくまれているのがEPA（エイコサペンタエン酸）。これも脂質のなかまで、生活習慣病やうつ病を改善するんだ。メインの成分は肉と同じ、たんぱく質だよ。

青魚（あおざかな）

サンマやイワシ、サバなど、せなかが青い魚を「青魚」というよ。ぼくたち青魚には、DHAやEPAがたっぷり。サンマは、ビタミンB_{12}が多いのがポイントさ。ビタミンB_{12}は、葉酸と協力して、酸素を体のすみずみまではこぶ赤血球をつくるよ。DHA、EPA、たんぱく質の量が、魚の中でとくに多いのがサバ。タウリンやイノシン酸といううまみ成分があるから、おいしさも保証するよ！

たんぱく質　脂質　おもな栄養素　ビタミンD

メモ

ハラワタにはビタミンやミネラルが豊富。まるごと食べるほうが体にいいんだよ！

マグロ

マグロみたいに
ピチピチの体に
なれる!?

おもな栄養素
- たんぱく質
- 脂質
- 鉄

へい、らっしゃい! 日本人は、あっしが大好きだよな? おすしで定番のトロは、あっしのおなかの脂肪が多い部分。赤い部分を「赤身」といって、たんぱく質の量は魚でNo.1なんだ。それから、老化をふせぐセレンもふくんでいるぜ。アンチエイジング*もバッチリってぇワケさ!

おいしさの理由は
うまみ成分

エビ

わたし、エビも、日本人が大好きな食べものの1つですよね。脂質が少ないのにおいしいのは、グリシンやアルギニンといった、うまみ成分のおかげ。体をおおうカラには、キチン質という食物繊維のなかまがふくまれています。キチン質は、悪玉コレステロールを下げたり、免疫力を高めるといわれている成分ですよ。

おもな栄養素
- たんぱく質
- カルシウム
- ビタミンE

メモ
カラはかたくて食べづらいので、あぶらで揚げるなど、食べかたをくふうしてくださいね。

★アンチエイジング…老化をふせぐ効果。

食べものがわかる

骨がなくて、体がくにゃくにゃ〜。タコと同じ「軟体動物」で、骨がないから、頭から足までおいしく食べられるんだよ〜。タウリンというアミノ酸が多くふくまれていて、脂肪をもやしたり、心臓や肝臓を強くしたり、コレステロールを下げたり、つかれをとったり、いろいろなはたらきがあるんだ〜。タウリンは水にとけるから、ぼくを煮たら、その汁ものむとイイカもね〜！

イカ

たんぱく質　銅　おもな栄養素　ビタミンB12

たんぱく質　亜鉛　おもな栄養素　ビタミンB2

メモ

カラが赤いのは、アスタキサンチンという色素があるから。活性酸素をけして、がんなどを予防する効果があるぞ！

メモ

スミは、ムコ多糖という糖質のなかま。免疫力を上げて、がんなどを予防するよ。

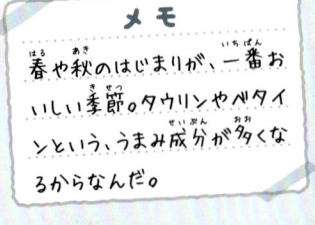

メモ

春や秋のはじまりが、一番おいしい季節。タウリンやベタインという、うまみ成分が多くなるからなんだ。

たんぱく質　鉄　おもな栄養素　ビタミンB12

身もカラも栄養素がた〜っぷり！

カニ

か た〜いカラにおおわれたオレさまは、エビとおなじ甲殻類だ！　カラにはキチン質という食物繊維がふくまれていて、サプリメントなどにつかわれているんだ。もちろん、身にも亜鉛などの栄養素がたっぷりだから、安心しろよ！　うまみのもと、アミノ酸のアルギニンやタウリンがあるから、おいしさは保証するぜ！

味や栄養素はアッサリじゃない！

シ ジミ、ハマグリ、サザエにアワビ……貝のなかまは、たんぱく質やタウリンが豊富。その中でも、注目してほしいのは、マグネシウムの多さ。マグネシウムは、カルシウムと協力して骨をつくる、成長にひつようなミネラルだよ。筋肉をうごかすときにも大かつやくするんだ。栄養素はアッサリじゃなくて、タップリなのさ！

アサリ

乳製品

モ〜ッとのめば骨から成長できる！

牛乳には、
たんぱく質や脂質など、
成長に必要な栄養素が、
たくさん入っていて、
その牛乳を
加工したものを、
乳製品というよ。
栄養素で一番大切なのが、
カルシウム！
骨や歯の材料になったり、
筋肉をうごかしたり、
ケガをしたときに血を止めたり、
とってもはたらきものなんだ。

メモ
わたしにふくまれる、たんぱく質のラクトフェリンは、菌がふえるのをおさえるから、病気を予防する効果があるの。

おもな栄養素
- 脂質
- たんぱく質
- カルシウム

カルシウムは、体の中に吸収しにくいのが弱点。ところがわたし、牛乳には、乳糖やカゼインホスホペプチドという、カルシウムの吸収をたすける成分がふくまれているの。だから、わたしからカルシウムをとると、効率がいいのよ。カルシウムは、骨を成長させるし、イライラもしずめてくれるの。ほかにも、「発育ビタミン」とよばれるビタミンB_2もあるわ。どちらも子どもの成長に大切な栄養素なのよ。

チーズ

カビまで食べちゃう！牛乳＋αのすごい力

牛乳をかためたり発酵させたりして、つくられるボク。いろいろな種類があるんだけど、日本でおなじみなのが、プロセスチーズ。カルシウムやビタミンAも豊富で、目のはたらきをたすけて、はだやかみをキレイにするんだって。それからなんと、カビを入れたチーズもあるんだよ。

- たんぱく質
- 脂質
- おもな栄養素
- カルシウム

乳酸菌が腸を大そうじ！

乳酸菌という菌を牛乳に入れて、発酵させたのが、わたしよ。乳酸菌は、腸の動きをよくし、腸のごみを大そうじして、病気をふせぐ、正義の味方！　わたしにふくまれるビフィズス菌は、べんぴをなおして、はだをツヤツヤにしてくれるのよ。

- たんぱく質
- 脂質
- おもな栄養素
- カルシウム

メモ

乳酸菌は、おなかがすいているときにさいしょに食べると、胃酸で死んじゃうのよ。食後のデザートにしてね♪

ヨーグルト

食べものがわかる

49

豆類

脂質が低くてヘルシーなマメ。なかでもダイズは、肉なみにたんぱく質が多くて、「畑の肉」とよばれているんだ。たんぱく質のグリシニンには、コレステロールを下げる効果があるよ。ほかにも、細胞のまくをつくるレシチン、骨粗しょう症をふせぐカルシウムやイソフラボンなど。栄養素は満点だよ！

たんぱく質　脂質　おもな栄養素　ビタミンK

ボクたちは、ダイズに納豆菌を入れて、できるんだよ。納豆菌パワーで、成長に必要なビタミンB₂やKがぐっとふえるよ！　納豆菌は、腸内でも大かつやく。ねばり強く腸内にのこって、善玉菌をふやすんだ。こわ〜い食中毒ともたたかえるくらい、強力なんだよ。

食中毒でもたたかえる！

納豆

とうふ

ダイズ＋海のミネラルで骨を強く、太く

ワシはダイズ、ニガリ、水からできているんじゃ。ニガリというのは、海水からつくる液体のこと。だから、カルシウムやマグネシウムといった海のミネラルが多く、骨や歯を強くする効果もふえるんじゃよ。

たんぱく質　脂質　おもな栄養素　マグネシウム

たまご

たんぱく質　脂質　おもな栄養素　ビタミンD

ぼくらをパカッとわって出てくる、まんなかの黄色いところが卵黄。レシチンという成分がふくまれていて、細胞のまくをつくったり、記憶力を高めたりするよ。まわりの白っぽい部分は卵白。卵白には、オボムコイドという成分があって、アレルギー症状をやわらげるんだ。

たまごで
頭がよくなろ!?

鶏卵

ちっちゃいけれど
おどろきの栄養価！

たまごは、
たんぱく質や
脂質など、栄養素が満点！
ニワトリのたまご（鶏卵）は、
必須アミノ酸の
バランスがかんぺき。
ビタミンやミネラルなど、
いろいろな栄養素が
入っているよ。

鶏卵より小さなボクちゃんは、ウズラという鳥のたまご。栄養素なら、鶏卵にだってまけないぞ！
ビタミンA・B_1・B_2・B_6・B_{12}、葉酸も鉄分も、鶏卵より多いんだ。なかでもビタミンB_{12}は鶏卵の5倍！　ビタミンB_{12}は葉酸といっしょに血をつくるよ。

たんぱく質　脂質　おもな栄養素　ビタミンB_1・B_2・B_6・B_{12}

ウズラ

おやつ

3時のおやつに、
砂糖たっぷりの
おやつって、
しあわせだよね。
砂糖は、サトウキビや
サトウダイコンという植物から
つくられるよ。
すぐにエネルギーにかわって、
つかれをとってくれるんだ。
砂糖が分解されてできる
ブドウ糖は、
脳をうごかすときも必要だよ。

炭水化物、脂質、たんぱく質と
3拍子そろうよ

わ たしのカラダは、小麦粉、砂糖、生クリーム、バター、水、たまごなどでできているの。たまごはたんぱく質たっぷりだし、小麦粉や砂糖は炭水化物だから、エネルギーになるわ。生クリームは牛乳からつくるから、カルシウムもおぎなえるのよ。バターは脂質や、油にとけやすいビタミンA・D・E・Kもふくんでいるの。わたしって、いがいと栄養素があるでしょ？

たんぱく質

炭水化物

おもな栄養素

脂質

メモ
バターのビタミンAは視力をよくして、ビタミンEは老化をふせぐ効果があるのよ。

ケーキ

たんぱく質
脂質
おもな栄養素
カルシウム

ひんやりあま〜いウチの成分は、牛乳、乳製品、砂糖に脂肪分。骨をじょうぶにするカルシウムやリン、ナトリウムやカリウムなどのミネラルや、ビタミンAも入っているわ。でも、ほとんどの栄養素は、炭水化物と脂質。すばやくエネルギーにかわるのよ。

> **メモ**
> カルシウムと協力して、骨をつくるリンは、加工食品にふくまれることが多いんだ。食べすぎると、骨が弱くなるから注意して！

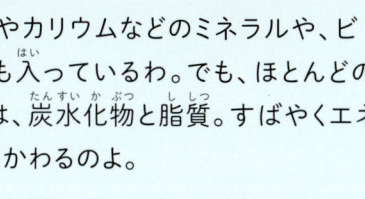

アイス

カルシウムが豊富なアイスべきおやつ

おやつに食べタイ♡
アンコの力に期待！

食物繊維
炭水化物
おもな栄養素
たんぱく質

魚のタイの形がチャームポイント！ ワガハイのおなかにぎっしりつまったアンコは、ゆでたアズキに砂糖をくわえてつくるのだ。アズキには、カリウムやたんぱく質、鉄や食物繊維、それに、がんをふせぐサポニンまで入っている。カリカリのかわは小麦粉だから、炭水化物もとれちゃうのだ。

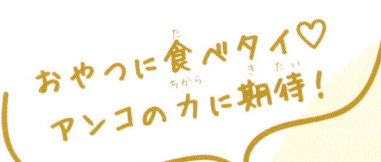

たいやき

人の体は、なにでできている？

1位 水 60%

2位 たんぱく質 18%

3位 脂肪 15%

4位 ミネラル 7%

人の体の半分以上は水！

人の体の 50 〜 60％、つまり半分以上は、じつは水でできているんだ。水は、酸素や栄養素をとかして体中にはこんだり、汗になって出ていって体温を調整したり、いらなくなったものをおしっことして体の外に出したり、さまざまなはたらきをしているよ。つぎに多いのが、たんぱく質と脂質だよ。

54

「のどがかわいた」は脱水のサイン

「の どがかわいたなあ」とかんじるのは、体から水分がなくなったサイン。それは、水分がたった1%へっただけでもかんじるんだ。水のへりがつづくと、「脱水症状」という病気になってしまうよ。つばやおしっこがへって、体温が上がり、うごけなくなっちゃう！20%になると、命があぶなくなるんだ。のどがかわいたと思ったら、すぐに水分をとろうね！

生 まれたばかりの赤ちゃんは70〜75%、おなかの中の赤ちゃんは80%以上が水分でできているんだ。小さいときほど、こまめに水分をとらなきゃいけないんだよ。

	体内水分（%）	必要な水分量(ml/kg)
新生児	75%	120ml
小児	70%	100ml
成人	60%	50ml
高齢者	50%	40ml

おしっこは、どうやってできるの？

いらないゴミをすてる役目も

おしっこは、腎臓でつくられるよ。腎臓は、「動脈」と「静脈」という太い2本の血管とつながっているよ。動脈から入ってきた血の中から、いらないゴミやあまった水分をとりだして、きれいな血にして静脈からおくりだすよ。とりだした水分やゴミは、ぼうこうへおくられておしっこになる。ぼくたちは、1日に1500ミリリットル、大きなペットボトル1本くらいのおしっこを出しているんだよ！

日によって色がちがうのは？

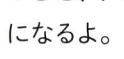

おしっこが黄色いのは、ウロクロムという黄色い成分があるから。でも、赤い食べものを食べすぎたら赤っぽくなるし、水をたくさんのむと、うすい色になるよ。

腎臓

せなかのほうに2つあって、ソラマメの種のような形をしているのがとくちょう。腎臓がはたらかないと、体の中にいらないゴミがたくさんたまって、病気になってしまうんだ。2つあるのは、1つがうごかなくなってもこまらないようにするため。そのくらい、だいじなところなんだよ。

ぼうこう

おしっこをためておくところだよ。たまっていくと、「トイレに行きたい」というサインを出してくれる。本当にいっぱいになったら、すぐにもれちゃう！　ぼうこうからサインがきたら、はやくトイレへ行こう。

尿道

尿とは、おしっこのこと。尿道は、ぼうこうにたまったおしっこが、外へ出ていく通り道だよ。

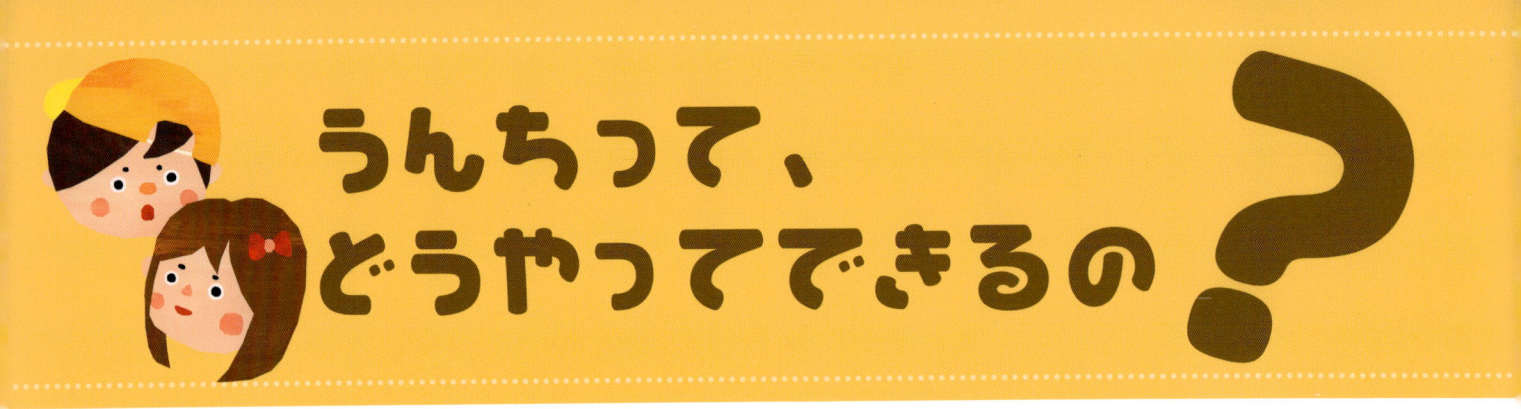

うんちって、どうやってできるの？

長い旅をして出てくるよ

うんちは、半分が食べもののカスで、半分が腸内の細菌だよ。小腸が食べものの栄養素をすっかりすいとったあと、のこりカスと水分が、細菌とともに大腸へおくられるんだ。大腸のくびれたところで、さらに水分がぎゅぎゅっとぬきとられ、のこりのカスがかためられて、うんちになるんだ。食べものがうんちとなって、おしりのあなにたどりつくまで、口から肛門まではなんと8〜9メートル！ 1〜3日も時間がかかるんだ。長〜い旅をして、出てくるうんち。ただクサイだけじゃないんだよ！

茶色い理由は細菌のはたらき

うんちは、なぜ茶色なのかな？ うんちが茶色い原因は、胆汁（肝臓でつくられる液体）の中の「ビリルビン」という色素が、腸内の細菌によって「ステルコビリン」という茶色の色素になるからなんだ。

小腸

小腸で栄養素を吸収するよ。小腸から大腸にやってきたばかりのうんちは、まだドロドロ〜のおかゆみたいだ。

大腸

大腸の中には、いろいろな菌（＝バクテリア、小さな生きもののこと）がすんでいるよ。そのバクテリアが食べものをバラバラにするときに、くさいにおいのもとを生みだすんだ。肉を食べると、バクテリアがたくさんはたらいて、うんちがくさくなるよ。

こうもん

こうもんは、おしりのあなのこと。いつもは、うんちがかってに出ないように、ちゃんとしまっていて、トイレで出そうと思ったときだけ、ひらくようになっているよ。

体のしくみがわかる

うんちで健康がわかるって、ほんと？

色や形を毎回チェックしよう

うんちを見ると、健康かどうかがわかっちゃうんだ。きまったペースで出るかどうかが、まずポイント。色や形も大切だ。明るい黄色～茶色で、バナナみたいな形のうんちがするっと出てくるのが、理想的だね。赤や灰色、黒いうんちが出てきたら、病気かもしれないので、ちゅういしてね。ただし、色のついたものを食べすぎると、うんちがその色になることがあるよ。

いいうんちを出す3つのポイント

まず、食物繊維の多い野菜やキノコ、海藻、くだものを食べること。食物繊維は、うんちをやわらかく、出しやすくしてくれるんだ。2つめは、リズムをつくること。毎朝きまった時間にトイレに行くと、出やすくなるよ。3つめは、ガマンをしないこと。出さないでいると、うんちが出づらくなるんだ。

コロコロうんち

コロコロかたいうんちは、野菜が足りていないしょうこ。かたいと、うんちをするときに、おしりもいたくなっちゃうよ。

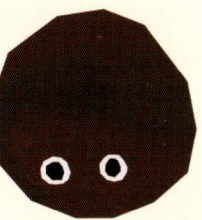

バナナうんち

これが、さいこうのうんち！ バランスのいい食事をしていると、やわらかすぎず、かたすぎない、バナナのようなうんちが出るよ。

どろうんち

ドロドロ〜っとやわらかすぎるうんち。お水をのみすぎていたり、脂肪分を食べすぎたりしているのかも？

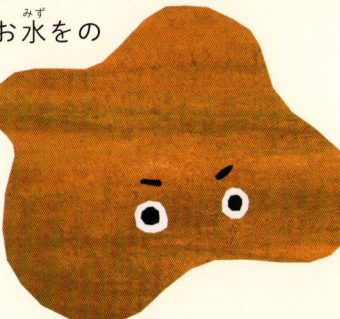

水うんち

水のようなうんちがシャーッと出るのは、おなかの病気。食べものをまったく消化できていないじょうたい。

バランスのいい食事

主食1＋主菜1＋副菜2がきほん

ごはんやパン、めんなど、エネルギーになる料理を「主食」とよぶよ。肉や魚、卵、とうふなど、たんぱく質のおかずが「主菜」。サラダやおみそしるなどが「副菜」。これを組みあわせて、「主食1皿、主菜1皿、副菜2皿」にすると、バランスがよくなるよ。旬（おいしくたべられる時期）の食材をつかうのもポイントだよ。

朝

ごはん、みそしる、
やきジャケとダイコンおろし、
野菜のにもの、
フルーツヨーグルト

朝は、ごはんとおかずを食べて、野菜もわすれずに。フルーツヨーグルトは手軽で、栄養のバランスもとれるから、朝のメニューにぴったり。

昼

たまごとツナの
サンドイッチ、
ミルクティー、野菜サラダ

サンドイッチの具は好きなものを選んで。具を野菜にするときは、サラダのかわりにチーズやゆでたまごを食べると、たんぱく質がしっかりとれるよ。

夜

ごはん、豚肉のしょうが焼き＆
せんぎりキャベツ、
ポテトサラダ、野菜のおひたし、
しいたけとわかめのスープ

夜ごはんは、あまりおそくならない時間に食べよう。朝と昼に食べていないジャガイモやキノコ、海藻をつかった副菜にすると、バランスがよくなるよ。

食材が食卓にとどくまで

生産者

酪農家が、牛や豚などを赤ちゃんのときからそだてあげて、出荷するのが肉。魚は、漁師が船を出して海からとってきたり、養殖をしたりするよ。野菜は、農家が種をまき、肥料をあげてそだてて、収穫するんだ。

集荷・市場

生産者がくろうしてつくった食材は、市場におくられるよ。市場には、食材を売る人、買う人がたくさんあつまるんだ。おたがいに交渉して、ねだんがきまるよ。

店

市場で買ってきた食材は、店にならべられ、ぼくたちが買えるようになるよ。新鮮さや、つくられた場所（産地）、入っているもの（添加物など）が、えらぶときのだいじなポイント。

消費者

買ってきた食材は、やく、あげる、むす、ゆでる、にるなど、食材にあった料理をするよ。ぼくたちが食べるまでに、たくさんの人がかかわっているんだ。

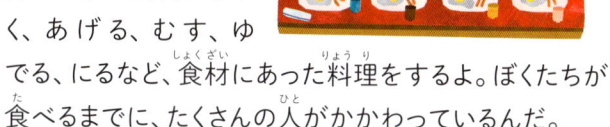

監修　川端輝江

女子栄養大学教授。博士（栄養学）、管理栄養士。
著書に『オールカラー しっかり学べる！栄養学』（ナツメ社）、
共著に『女子栄養大学のダイエットレシピ
しっかり食べてキレイにやせる』（幻冬舎）など。

絵　せのおしんや

大阪在住のイラストレーター・デザイナー。
オレンジガーデン・フリーのイラストレーターとして活動中。
イラストレーターズ通信会員。

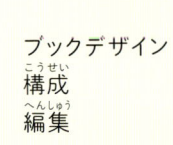
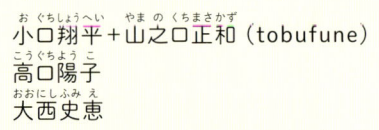

ブックデザイン	小口翔平＋山之口正和（tobufune）
構成	高口陽子
編集	大西史恵

本書の内容に関するお問い合わせは、書名、発行年月日、該当ページを明記の上、書面、FAX、お問い合わせフォームにて、当社編集部宛にお送りください。電話によるお問い合わせはお受けしておりません。
また、本書の範囲を超えるご質問等にもお答えできませんので、あらかじめご了承ください。
　FAX：03-3831-0902
　お問い合わせフォーム：http://www.shin-sei.co.jp/np/contact-form3.html

落丁・乱丁のあった場合は、送料当社負担でお取替えいたします。当社営業部宛にお送りください。
本書の複写、複製を希望される場合は、そのつど事前に、出版者著作権管理機構（電話：03-5244-5088、FAX：03-5244-5089、e-mail：info@jcopy.or.jp）の許諾を得てください。
JCOPY ＜出版者著作権管理機構 委託出版物＞

こども栄養学　どうして野菜を食べなきゃいけないの？

監修者	川　端　輝　江
発行者	富　永　靖　弘
印刷所	株式会社新藤慶昌堂

発行所　東京都台東区　株式
　　　　台東2丁目24　会社　**新星出版社**
　　　　〒110-0016　☎03（3831）0743

© SHINSEI publishing Co.,Ltd.　　　　Printed in Japan

ISBN978-4-405-07240-4